Comment trouver

le plan de Dieu

pour votre vie

Créés pour de bonnes œuvres...

Derek Prince

ISBN 978-1-78263-130-9

Originally published in English as a series of radio messages under the title "How to find God's plan for your life". French translation published by permission of Derek Prince Ministries International USA, P.O. Box 19501, Charlotte, North Carolina 28219-9501, USA.

Traduit par Florence Boyer.

Publié par Derek Prince Ministries France, année 1999.
Dépôt légal: 2e trimestre 1999. Deuxième impression année 2001, dépôt légal 3e trimestre 2001. Troisième impression 1er trimestre 2004. Quatrième impression 1er trimestre 2008. Cinquième impression 1er trimestre 2011. Sixième impression février 2013.
Couverture faite par Damien Baslé, www.damienbasle.com
Imprimé en France

Pour tout renseignement:

DEREK PRINCE MINISTRIES FRANCE
9, Route d'Oupia, B.P.31, 34210 Olonzac FRANCE
tél. (33) 04 68 91 38 72 fax (33) 04 68 91 38 63
E-mail info@derekprince.fr * www.derekprince.fr

COMMENT TROUVER
LE PLAN DE DIEU POUR VOTRE VIE

-1-

Créés pour de bonnes œuvres

Dans ce livre, je partagerai avec vous un sujet très concret et important: "Comment trouver le plan de Dieu pour votre vie". Peut-être n'avez vous jamais compris que Dieu a un plan pour votre vie, un plan qui englobe tous les domaines de votre vie, un plan qui pourvoit à tous vos besoins et vous permet de vous réaliser pleinement en tant que personne. Oui, Dieu a un plan pour vous.

Ou bien peut-être sentez vous que Dieu a un droit sur votre vie et qu'il veut que vous accomplissiez une tâche, mais vous ne savez pas comment la découvrir. Alors, vous vous sentez frustré et insatisfait. Je crois que ce message va vous aider. Je voudrais vous montrer les étapes pratiques que vous devez franchir afin de découvrir le plan de Dieu pour votre vie; en les découvrant et en marchant dans le plan de Dieu vous expérimenterez une plénitude et une satisfaction que vous n'aviez jamais ressenties auparavant.

Pour commencer, regardons dans Ephésiens 2:10 où Paul indique ce que Dieu a fait pour nous en nous unissant à lui en Christ:

"Car nous sommes son ouvrage, ayant été créés en Jésus-Christ pour de bonnes œuvres, que Dieu a préparées d'avance afin que nous les pratiquions."

Quelle merveilleuse affirmation dès le début du verset ! "Nous sommes son ouvrage.", l'ouvrage de Dieu. Le mot grec employé ici "poiema" est celui qui a donné "poème" en français. Il suggère un chef-d'œuvre créatif, l'œuvre d'un grand artiste, d'un poète, d'un dramaturge ou d'un sculpteur, quelque chose d'exceptionnel. C'est ce que nous sommes grâce à ce que Dieu a fait pour nous en Christ, et c'est la première chose que vous devez réaliser. Si vous mettez votre foi en Dieu, à travers Jésus-Christ, Dieu fera de vous un chef-d'œuvre de sa création, puis, il vous utilisera pour accomplir une tâche particulière et unique.

J'ai toujours été béni en pensant que le grand créateur de l'univers, celui qui a créé les étoiles, les mers et les montagnes, toutes les choses glorieuses et belles que nous voyons autour de nous sur la terre, partit chercher son matériau à la casse, lorsqu'il voulut faire son chef-d'œuvre. Et c'est là qu'il a trouvé des gens tels que moi.

Je sais parfaitement où le Seigneur m'a trouvé. Je me trouvais à la casse; dans sa grâce et sa miséricorde, il a étendu sa main et a pris le matériau peu prometteur, non régénéré et en état de perdition que j'étais et a dit: "Je vais faire de toi un chef-d'œuvre." Cela n'est pas vrai seulement pour moi. En fait, je n'ai rien de particulier et pourtant d'une certaine façon je suis spécial parce que tous ceux qui viennent à Dieu par Jésus-Christ sont spéciaux. Chacun des enfants de Dieu est particulier à ses yeux.

Mais le mot important à souligner dans ce verset est le mot "créés"; "Créés en Jésus-Christ". Devenir ce que Dieu veut que nous soyons, doit commencer par un acte créateur de Dieu. Nous devons laisser Dieu nous recréer en ce qu'il veut que nous soyons à partir de ce que nous sommes. Le Psaume 51 fait allusion à la prière de David lorsqu'il s'est trouvé en face de son terrible péché; aux versets 11 et 12 il est dit:

"Détourne ton regard de mes péchés, efface toutes mes iniquités. O Dieu créé en moi un cœur pur et renouvelle en moi un esprit bien disposé."

Remarquez le cri du cœur de David: "O Dieu, créé en moi un cœur pur". Il faut un acte créateur de Dieu pour effacer les effets du péché dans le cœur humain. Quand un pécheur vient à Dieu, Dieu ne l'améliore pas, ne le réforme pas, ne le réajuste pas, ne le bricole pas, mais par sa toute puissance, il le recrée.

Regardons ce que Paul dit dans 2 Corinthiens 5:17-20:

"Si quelqu'un est en Christ, il est une nouvelle création. Les choses anciennes sont passées, voici toutes choses sont devenues nouvelles. Et tout cela vient de Dieu, qui nous a réconciliés avec lui par Christ, et qui nous a donné le ministère de la réconciliation. Car Dieu était en Christ, réconciliant le monde avec lui-même en n'imputant point aux hommes leurs offenses, et il a mis en nous la parole de la réconciliation. Nous faisons donc les fonctions d'ambassadeurs de Christ..."

Quelle glorieuse affirmation! "Si quelqu'un est en Christ, il est une nouvelle création, les choses anciennes sont passées, voici toutes choses sont devenues nouvelles." Combien de fois avons-nous dit: "Si seulement je pouvais tout recommencer. J'ai fait du gâchis dans le passé, je regrette tant de choses que j'ai dites et faites." La bonne nouvelle de l'Evangile c'est que vous pouvez repartir à zéro. Si vous venez à Dieu et que vous mettez votre foi en lui par Jésus-Christ, il fera de vous une nouvelle création. Vous pourrez dire: "Les choses anciennes sont passées, toutes choses sont devenues nouvelles." Et si vous êtes déjà venu à Dieu à travers Jésus-Christ, alors vous devez savoir et comprendre qui vous êtes: vous êtes une nouvelle création, Dieu veut faire de vous un chef-d'œuvre.

Regardons d'un peu plus près le processus de la nouvelle création comme Paul nous la décrit dans 2 Corinthiens 5, dans les versets que nous venons d'évoquer. Selon moi, le processus comporte trois phases successives: tout d'abord, il faut traiter le péché. Le péché est la grande barrière qui sépare Dieu et l'homme. Tant que le péché n'est pas enrayé dans nos vies, nous n'avons pas accès à Dieu, et Dieu non plus n'a pas accès à nous car il a besoin de pénétrer en nous pour nous changer de l'intérieur par cet acte créatif dont nous avons parlé.

Nous devons donc tout d'abord laisser Dieu s'occuper du péché; accepter de nous détourner de notre rébellion, de notre propre volonté et de notre entêtement et venir à Dieu par Jésus-Christ en croyant que Christ a porté sur la croix le châtiment pour nos péchés, que Dieu a jugé nos péchés en Christ et que si nous nous tournons vers Dieu pour recevoir grâce et pardon à travers Christ, nous sommes réconciliés avec Dieu. C'est ainsi que le péché est enlevé. Nous avons alors accès à Dieu, Dieu a accès à nous.

La phase suivante est l'action créatrice de Dieu; Dieu nous recrée de l'intérieur. Salomon, le plus sage de tous les hommes a dit: "Garde ton cœur plus que tout autre chose car de lui viennent les sources de la vie." Autrement dit, tout ce qui vous arrive dans la vie, vient de votre cœur. Et c'est par là que Dieu commence la nouvelle création - dans le cœur. Il le recréé. La lumière de Christ brille dans votre cœur, toutes les ombres du passé sont chassées; la culpabilité, la peur, la solitude et la rancune sont dissipées par cette glorieuse lumière. Puis Dieu travaille à partir de votre cœur vers toutes les zones de votre vie. Et vous réalisez alors que vous changez dans de si nombreux domaines que les autres commencent à s'en apercevoir. C'est l'œuvre créatrice de Dieu mais elle débute de l'intérieur. Puis, cette œuvre créatrice avançant, Dieu nous confie le ministère de la réconciliation, qui est la troisième phase. Je l'exprime ainsi: nous sommes des réconciliateurs réconciliés.

Paul dit que nous sommes les ambassadeurs de Christ. C'est une affirmation merveilleuse. Avez-vous déjà réfléchi à ce qu'est un ambassadeur? C'est le représentant officiel d'un gouvernement sur le territoire d'un autre gouvernement. Ce n'est pas simplement un individu privé, mais une personne très importante de par sa position. Tant qu'il agit selon les instructions reçues de son gouvernement, il possède une grande autorité. En fait, insulter un ambassadeur revient à insulter le pays qu'il représente. Et quand il parle, il ne parle pas simplement en tant qu'individu, mais il parle avec l'autorité de son gouvernement derrière lui. C'est ce que Dieu veut que nous soyions dans ce monde: les ambassadeurs de Christ. Nous sommes les représentants officiels du gouvernement du ciel sur la terre tant que nous agissons selon les instructions que nous recevons de notre gouvernement céleste. Ainsi, toute l'autorité du ciel est derrière nous; et toute insulte ou mauvais traitement que nous subissons est considéré par le ciel comme une insulte ou un mauvais traitement envers tout le gouvernement céleste.

Vous vous souvenez de ce que Jésus a dit à Saul de Tarse lorsqu'il l'a rencontré sur le chemin de Damas? "Saul, Saul pourquoi me persécutes-tu? " Saul n'avait pas réalisé qu'en s'attaquant à des chrétiens, il attaquait Jésus lui-même. Ce que Saul avait fait subir aux chrétiens était considéré comme étant dirigé contre Jésus puisque les chrétiens étaient les ambassadeurs de Dieu. Vous et moi aujourd'hui sommes les ambassadeurs de Dieu dans ce monde corrompu et mauvais; nous représentons le gouvernement du ciel.

Encore un verset: Matthieu 4: 19. Quand Jésus a appelé les disciples il leur a dit:

"Suivez-moi et je vous ferai pêcheurs d'hommes".

C'est ce qui se passe après la nouvelle création. Tout d'abord nous remettons nos vies à Dieu à travers Christ. Nous nous abandonnons à lui. Puis Jésus dit, "Maintenant, suivez-moi, j'ai un autre plan pour vous. J'ai quelque chose pour vous que vous n'auriez jamais imaginé." Il a promis à ces humbles pêcheurs de la mer de Galilée: "Je ferai de vous des gens différents. Pas des pêcheurs ordinaires, mais des pêcheurs d'hommes." C'est une autre façon de parler du ministère de la réconciliation; amener des hommes à Dieu par Jésus-Christ.

Voilà ce que je veux vous dire: "Ce n'est pas ce que nous sommes qui est important, mais ce que Jésus fera de nous".

Présentez vos corps

Dans le chapitre précédent nous avons commencé à étudier ensemble un thème très important: "Comment trouver le plan de Dieu pour votre vie."

J'y ai expliqué la première étape essentielle pour atteindre ce but, c'est-à-dire laisser Dieu traiter de façon radicale les conséquences du péché dans notre vie, puis par un acte de création divine faire de nous une nouvelle création, une personne totalement nouvelle.

La suite du plan de Dieu est uniquement réservée à ceux qui ont déjà expérimenté cette puissance créatrice de Dieu. Je vais maintenant vous montrer l'étape suivante qui découle de cet acte créateur.

Je me tournerai d'abord vers Romains 12: 1. Ce chapitre des Romains initie à la mise en pratique de toutes les vérités théologiques développées par Paul dans les onze premiers chapitres des Romains. Il reprend la théorie des 11 premiers chapitres et l'applique à la façon dont nous vivons. Il commence par un "donc" et comme je l'ai souvent dit, quand vous trouvez un donc dans la Bible, vous devez vous demander à quoi il se rattache. Ce donc est là parce qu'il introduit l'application de toute la théologie qui précède. Paul dit:

"Je vous exhorte donc, frères, par les compassions de Dieu à offrir vos corps comme un sacrifice vivant, saint, agréable à Dieu, ce qui sera de votre part un culte raisonnable."

Ce qui m'impressionne avec la Bible c'est qu'elle est si pratique, si terre-à-terre; elle n'est pas super spirituelle. Nous avons été confrontés à toute cette formidable théologie qui précède. Par quoi la mise en pratique commence-t-elle? Elle commence par notre corps. La première chose que Dieu nous demande est de lui présenter notre corps comme un sacrifice vivant.

Vous pourriez dire: "Eh bien, je croyais que le corps n'avait pas d'importance, que seule l'âme comptait." Mais Dieu est très pratique. S'il y a un verre d'eau sur la table et que je vous dise: "Donnez-moi ce verre s'il vous plaît", que vais-je avoir? Je vais avoir le récipient et ce qu'il contient. En fait, vous ne pouvez pas donner à Dieu le contenu si vous ne lui avez pas donné le contenant. Car Dieu vous veut, contenant et contenu.

Dieu précise que ce doit être un sacrifice vivant. Qu'est-ce que cela signifie? Qu'il diffère des sacrifices de l'Ancien Testament consistant à offrir des animaux, préalablement tués dont on plaçait les cadavres sur l'autel de Dieu. Dieu dit: "Je veux ton corps de la même façon que les sacrifices de l'Ancien Testament sur mon autel. Mais avec une différence: je ne veux pas ton cadavre, je te veux en sacrifice vivant.

Vous voyez comme Dieu est terre-à-terre. Il nous dit: "C'est ton corps que je veux, et quand je l'ai, je t'ai toi."

Dans Matthieu 23, Jésus parlait aux pharisiens et il leur expliquait ce qui était vraiment important dans leur religion parce que leurs valeurs étaient mauvaises. Ils affirmaient que le sacrifice est plus important que l'autel sur lequel on sacrifiait. Jésus dit:

"Aveugles! Lequel est le plus grand, l'offrande, ou l'autel qui sanctifie l'offrande?" (verset 19)

Cette dernière phrase est très significative: l'autel sanctifie le sacrifice qui est dessus. C'est ce qui se passe avec votre corps; quand vous placez votre corps sur l'autel de Dieu, il devient saint, il est sanctifié, il est mis à part pour Dieu. Mais c'est un acte volontaire que vous devez effectuer, c'est vous qui devez prendre la décision de consacrer entièrement votre corps à Dieu.

Qu'est-ce que cela signifie concrètement? Cela veut dire que vous faites tout ce qu'il vous dit, que vous allez partout où Dieu vous envoie; ce peut être dans un désert, une ville, une montagne. Vous pourrez laver la vaisselle, prêcher, avoir un salaire ou pas, vous avez abandonné toutes ces décisions à Dieu, vous lui avez simplement abandonné votre corps en disant: "Le voici, je te fais confiance pour faire ce que tu veux et ce que tu désires de mon corps." C'est cela, présenter son corps à Dieu. Un changement s'opère alors dans l'esprit. Au verset 2 de Romains 12, Paul demande ceci:

"Ne vous conformez pas au siècle présent, mais soyez transformés par le renouvellement de l'intelligence afin que vous discerniez (trouver et expérimenter) **quelle est la volonté de Dieu, ce qui est bon, agréable et parfait."**

Lorsque vous présentez votre corps, aussi étrange que cela puisse paraître, il se produit un changement dans votre mentalité; vous commencez à penser différemment. Dieu dit que votre intelligence est renouvelée. Puis, quand votre intelligence est renouvelée, vous comprenez (vous réalisez) ce qu'est la volonté de Dieu. Paul utilise trois mots tous beaux et merveilleux pour la décrire: elle est bonne, agréable et parfaite.

Notez la progression. Tandis que vous commencez à découvrir la volonté de Dieu, vous vous apercevez qu'elle est bonne; Dieu veut toujours le bien de ses enfants, jamais ce qui est mauvais. En allant plus loin, vous découvrez qu'elle est agréable, c'est aussi ce que vous voulez. Puis vous arrivez à la compréhension totale: elle est parfaite, elle englobe tous les domaines de votre vie, elle comble tous vos besoins. Tout ce qui contribue à votre bien se trouve dans la parfaite volonté de Dieu. Mais souvenez-vous que vous pouvez connaître la volonté de Dieu uniquement quand votre intelligence est renouvelée.

Par contre, la religion travaille de l'extérieur. Elle commence par essayer de changer l'homme de l'extérieur, alors que Dieu travaille de l'intérieur. Il dit: "Quand je pourrai changer ton intelligence, alors tu changeras. Toute ta façon de vivre changera et je pourrai te révéler ma volonté qui est bonne agréable et parfaite."

Maintenant j'aimerais vous expliquer pourquoi Dieu ne peut révéler sa volonté à notre intelligence que lorsqu'elle a été renouvelée. Avant que Dieu ne change notre intelligence, celle qui appartient à notre vieille nature charnelle n'est pas en mesure de recevoir la volonté de Dieu. Dans Romains 8: 7, Paul dit ceci: **"...car l'affection de la chair est inimitié contre Dieu..."** Il est évident qu'une intelligence en guerre contre Dieu ne peut pas recevoir la révélation de sa volonté. Cette attitude de guerre de notre intelligence, hostile à Dieu, doit être changée par la transformation de notre intelligence, par son renouvellement. Puis cette intelligence renouvelée, et seulement elle, peut recevoir la révélation de la volonté de Dieu.

L'intelligence charnelle est le produit d'impressions de l'âme rebelle de l'homme, une âme qui a été en rébellion contre Dieu. Elle couvre trois domaines principaux: la volonté, l'intelligence et les émotions. L'intelligence humaine est essentiellement centrée sur elle-même; elle tourne autour du "moi", elle est égocentrique. Elle s'exprime par certains verbes caractéristiques; la volonté charnelle dira: "Je veux", l'intelligence charnelle: "Je pense", et les émotions charnelles: "Je sens". Dans son état charnel non régénéré l'homme est contrôlé par ces trois verbes, "je veux, je pense, je sens". Toute sa vie tourne autour de ces trois mots et dans ces conditions il n'est pas ouvert à la révélation de la volonté de Dieu. Pour qu'il y ait un changement significatif et continu, il faut renoncer à l'état d'esprit que représentent ces trois verbes. Nous devons les abandonner avant de pouvoir percevoir la volonté de Dieu. Ecoutez ce que Jésus dit dans Matthieu 16: 25:

"Car celui qui voudra sauver sa vie la perdra, mais celui qui la perdra à cause de moi la trouvera."

Dans le grec original, le mot traduit par "vie" est le même que celui qui désigne l'âme. Ainsi, si vous voulez sauver (garder) votre "âme-vie", vous la perdrez, mais si vous voulez abandonner votre "âme-vie", alors vous trouverez une nouvelle vie, la vie que Dieu a pour vous.

Que signifie perdre cette vieille "âme-vie"? Qu'on renonce à soi, qu'on dise à son moi: "Tu ne me commanderas plus Je ne serai plus dirigé par ce que tu veux, ce que tu penses et que tu sens. Je vais vivre selon des critères différents, je me dirigerai d'après une autre source, je me détournerai de tout cet égoïsme et cet égocentrisme. Je ne veux plus être le jouet de mes émotions et de mes propres impressions. Je vais abandonner cette vieille âme-vie, cette façon de vivre et de penser égocentrique, qui m'a dirigée toutes ces années pour trouver une nouvelle vie, une vie que Dieu a planifiée pour moi."

Vous vous souvenez de ce que j'ai dit en citant Ephésiens 2: 10: nous sommes œuvre de Dieu quand nous venons à lui en Christ, créés pour de bonnes œuvres qu'il a préparées pour nous, une tâche unique et particulière que Dieu veut voir accomplir par chacun de nous. Mais tant que nous continuons à penser selon notre ancienne nature, tant que nous laissons notre vieil égocentrisme nous contrôler, tant que nous sommes motivés pour marcher dans nos anciennes voies, nous ne pouvons pas trouver, ni marcher dans les bonnes œuvres que Dieu a préparées pour nous.

Il y a donc une vie à perdre et une vie à trouver. Si vous désirez réellement trouver la plénitude du plan de Dieu pour votre vie, vous devez vous demander si vous voulez vraiment que votre vieille "âme-vie" s'en aille, si vous souhaitez arrêter de penser comme avant: je veux, je pense, je sens et si vous avez réellement la volonté de laisser Dieu vous changer de l'intérieur en renouvelant votre esprit.

C'est une décision que vous devez prendre.

Dans le chapitre suivant, je vous décrirai plus avant la nature de l'intelligence renouvelée.

-3-

Soyez renouvelés dans votre esprit

Dans les deux précédents chapitres, j'ai décrit les deux premières étapes: laisser Dieu nous recréer de l'intérieur en Christ, et présenter notre corps à Dieu comme un sacrifice vivant. Quand nous passons par ces deux étapes, Dieu commence à renouveler notre conscience, à changer notre façon de penser. Puis il révèle sa volonté à notre esprit renouvelé en trois phases successives: premièrement bonne, deuxièmement agréable, troisièmement parfaite. Autrement dit, plus nous avançons dans la révélation de la volonté de Dieu, meilleure elle devient.

Voyons plus en détail la nature de nos pensées renouvelées. Nous avons vu ce que Paul disait dans Romains 12 verset 1, et au verset 2 dans lequel il traite du renouvellement de l'intelligence. Examinons maintenant le verset suivant, Romains 12:3, où il explique ce qui se passe quand notre intelligence est renouvelée:

"Par la grâce qui m'a été donnée, je dis à chacun de vous de n'avoir pas de lui-même une trop haute opinion, mais de revêtir des sentiments modestes, selon la mesure de foi que Dieu à départie à chacun."

Je voudrais vous présenter quatre manifestations de l'intelligence renouvelée et à mesure que vous les découvrirez, vous pourrez voir jusqu'à quel point votre intelligence a été renouvelée et s'il y a des domaines dans lesquels elle a encore besoin de renouvellement.

Tout d'abord, l'intelligence renouvelée n'est plus centrée sur elle-même, mais sur Dieu. Elle n'est plus motivée par ces trois verbes: "Je veux, je pense, je sens", mais par les valeurs de

14

Dieu, les buts de Dieu, les objectifs de Dieu. Les motivations de Dieu deviennent plus importantes que les nôtres. Laissez-moi vous donner quelques exemples de ce que je veux dire. Dans 1 Corinthiens 10:31, Paul indique:

"Soit donc que vous mangiez, soit que vous buviez, soit que vous fassiez quelque autre chose, faites tout pour la gloire de Dieu."

Remarquez la dernière phrase: "faites tout pour la gloire de Dieu". Voilà la motivation de celui dont l'intelligence est renouvelée. Son désir et son but tendent uniquement vers ce qui glorifie Dieu. Il ne demande pas: "Est-ce que cela va m'aider? Qu'est-ce que cela me rapporte? Mais "Dieu sera-t-il glorifié à travers cette situation? Et dans Matthieu 6:10, dans le Notre Père, Jésus nous enseigne à prier ainsi:

"Que ton règne vienne
Que ta volonté soit faite
Sur la terre comme au ciel."

Quand nous faisons cette prière, en fait nous renonçons à notre propre volonté; nous disons en effet "Si ma volonté va contre celle de Dieu, alors que celle de Dieu soit faite et non la mienne." Voilà un signe de l'intelligence renouvelée. Puis l'intelligence renouvelée s'associe volontairement au dessein de Dieu pour cette terre. Lequel? "Que ton règne vienne". L'intelligence renouvelée a toujours pour but l'établissement du royaume de Dieu sur la terre; son but final est la volonté de Dieu et le royaume de Dieu.

Le fait de ne pas être orgueilleux et de ne pas chercher son propre intérêt constitue le deuxième signe de l'intelligence renouvelée. Paul dans le verset que nous avons déjà cité, Romains 12:3, demande que personne n'ait de lui une trop haute opinion. J'aimerais vous citer ici quelques paroles de Jésus à ses disciples dans Matthieu 20:25-28:

"Jésus les appela, et dit: Vous savez que les chefs des

nations les tyrannisent, et que les grands les asservissent. Il n'en sera pas de même au milieu de vous. Mais quiconque veut être grand parmi vous, qu'il soit votre serviteur; et quiconque veut être le premier parmi vous, qu'il soit votre esclave. C'est ainsi que le Fils de l'homme est venu, non pour être servi mais pour servir et donner sa vie comme la rançon de plusieurs."

Voilà une autre caractéristique de l'intelligence renouvelée: elle ne cherche pas à diriger mais à servir, elle ne cherche pas à avoir mais à donner. Elle a pour modèle de vie Jésus qui n'est pas venu pour être servi, mais pour servir et donner sa vie. Aujourd'hui, dans nos sociétés modernes, l'idée d'être esclave est impopulaire. Chacun veut être son propre patron, chacun revendique ses droits, chacun veut diriger sa vie et protéger ses intérêts. Mais ce n'est pas là l'intelligence renouvelée qui ne dit pas: "Qu'est-ce que je peux recevoir?" mais "Qu'est-ce que je peux donner?", qui ne cherche pas à s'élever mais à s'humilier. Le grand évangéliste Moody a dit ceci de lui: "Quand j'étais un jeune homme, je croyais que Dieu disposait les dons sur des étagères et que les meilleurs étaient tout en haut. Mais j'ai appris que c'est le contraire. Les meilleurs dons sont sur les étagères du bas." Il ne faut pas s'élever pour les atteindre, mais s'abaisser.

La troisième caractéristique de l'intelligence renouvelée c'est qu'elle est sobre et réaliste. Paul recommande encore dans Romains 12:3 d'avoir un jugement sain; une autre version emploie le mot de sobriété. J'aime ce mot "sobre". L'intelligence renouvelée est sobre et réaliste, elle évite les deux extrêmes: d'un côté, les fantasmes et les pensées frivoles et de l'autre l'autodépréciation et la dépression. Ceux d'entre nous qui ont des enfants adolescents se rendent vite compte que l'esprit de l'adolescent donne souvent libre cours au fantasme, au rêve et aux pensées frivoles. Il est difficile pour un adolescent de rester en contact avec le concret, de faire face aux réalités de la vie, même celles qui le concernent personnellement. Quand nous avons appris cela à propos des adolescents, Dieu je le crois nous donne la grâce pour être patient avec eux. Mais nous devons savoir qu'un comportement irréaliste n'est jamais une marque de maturité, une intelligence mature ne se complaît pas dans le fantasme, les pensées frivoles, les rêveries et les choses imaginaires.

Un adolescent aura également tendance à se laisser aller facilement à la dépression et souvent il s'isolera ou se fermera, restera seul dans sa chambre et aura de moins en moins d'estime pour lui-même en tant qu'individu. Souvent, la morosité et la dépression en découleront. Encore une fois, cela ne correspond pas avec une intelligence renouvelée.

Il y a de très nombreuses années, j'ai du me battre contre la dépression et, entre autres choses, Dieu m'a montré que j'étais responsable de mon mental, que je ne devais pas me laisser aller à des pensées négatives. Il m'a montré que je devais discipliner mon intelligence et changer ma manière de penser. En le faisant, j'ai été délivré de cet horrible problème de dépression. Voici donc le troisième signe de l'intelligence renouvelée: elle est sobre et réaliste.

La quatrième caractéristique d'une intelligence renouvelée est quelque chose qui n'est pas toujours aisé à comprendre. Reprenons les paroles de Paul dans Romains 12:3, il dit: "...de revêtir des sentiments modestes, selon la mesure de foi que Dieu a départie à chacun." L'intelligence renouvelée reste dans les proportions ou dans la mesure de la foi donnée par Dieu. Elle ne se vante pas et ne proclame pas des choses irréalistes; elle ne proclame pas une foi qu'elle n'a pas.

En tant que pasteur, l'un des grands problèmes rencontré chez les gens, c'est qu'ils pensent avoir beaucoup plus de foi qu'ils en ont en réalité. Il affirment: "Je crois que Dieu va faire ça et ça" et cela n'arrive pas; alors ils sont abattus et dépressifs et parfois ils blâment Dieu. Le problème c'est qu'ils sont allés bien au-delà de la mesure de foi que Dieu leur avait donnée.

Je vais vous montrer la raison pour laquelle Dieu nous
donne une certaine mesure de foi. Si nous comprenons le
raisonnement de Dieu et que nous sommes en accord avec ses
desseins, nous verrons que la mesure de foi qu'il nous a donnée
est celle dont nous avons en fait besoin. Nous n'avons pas
besoin de plus de foi que ce que Dieu lui-même nous a attribué.
Il a départi à chacun d'entre nous la mesure de foi qui nous est
nécessaire mais il est très courant chez les gens religieux, chez
ceux qui sont fiers d'être spirituels, d'essayer de croire plus que
ce qu'ils ne peuvent vraiment croire. Et cela conduit à de
nombreux problèmes. Parfois les gens qui devraient
légitimement recevoir des soins médicaux s'en passent, parce
qu'ils croient avoir la foi pour être guéris, mais ils ne le sont
pas. La foi est toujours humble, c'est quelque chose dont nous
devons nous souvenir. Habakuk 2:4, le verset clé sur la
justification par la foi dit ceci:

**"Voici, son âme s'est enflée, (ou s'est élevée) elle
n'est pas droite en lui**

Mais le juste vivra par sa foi."

Quelle que soit la version choisie, nous voyons que
l'âme qui s'élève, qui s'enfle, qui fait des déclarations non
justifiées, n'est pas dans la foi. La foi est humble, la foi ne
présente pas un grand "JE" et un petit "dieu". La foi a un grand
DIEU et un petit "moi" et nous devons rester dans les limites de
la foi que Dieu nous a impartie.

L'étape suivante pour trouver le plan de Dieu pour votre
vie, sera de devenir un membre actif d'un corps actif.

-4-

Trouver sa place dans le corps

Dans les chapitres précédents, j'ai souligné trois étapes pratiques nécessaires pour trouver le plan de Dieu pour votre vie. D'abord, il faut que vous laissiez Dieu vous recréer, vous refaire, selon son modèle et sa volonté. Ensuite, vous devez offrir votre corps sur l'autel de Dieu comme un sacrifice vivant, afin d'être totalement disponible pour Dieu. Enfin, en faisant cela, Dieu de son côté renouvelle votre intelligence. Il vous donne une autre façon de penser, un nouveau regard sur les choses, des valeurs, des normes, des motivations et des buts différents. C'est seulement lorsque votre intelligence est renouvelée que vous pouvez expérimenter ce qu'est la volonté de Dieu pour votre vie. Plus vous progressez dans la découverte de la volonté de Dieu, meilleure elle devient. Dans un premier temps elle est bonne, ensuite elle est agréable, et enfin elle est parfaite, complète, entière, elle pourvoit à tous vos besoins et est présente dans toutes les situations.

Nous allons maintenant examiner la quatrième étape qui est la suite logique des trois précédentes. Elle consiste à trouver votre place dans le corps de Christ, c'est-à-dire dans une communauté engagée de vrais chrétiens. Voyons Romains 12:4-5:

"Par la grâce qui m'a été donnée, je dis à chacun de vous de n'avoir pas de lui une trop haute opinion, mais de revêtir des sentiments modestes, selon la mesure de foi que Dieu a départie à chacun. Car, comme nous avons plusieurs membres dans un seul corps, et que tous les membres n'ont pas la même fonction, ainsi, nous qui sommes plusieurs, nous formons un seul corps en Christ, et nous sommes tous membres les uns des autres."

Ainsi l'intelligence renouvelée nous amène à notre juste place dans le corps. Nous réalisons que nous ne sommes qu'un membre, incomplet tout seul, incapable de fonctionner par nous-mêmes comme Dieu le voudrait. Afin d'être complet et d'agir selon le dessein de Dieu et à la place qu'il désire pour nous, nous devons devenir membre d'un corps et nous joindre à d'autres membres par une sorte d'engagement qui nous permette de fonctionner ensemble et non simplement en tant qu'individus isolés.

J'ai souvent été émerveillé en prenant l'avion de voir comment les radars dirigeaient l'appareil vers un aéroport particulier et comment grâce aux ondes du radar de l'aéroport, il pouvait descendre exactement au bon endroit, à la bonne vitesse et effectuer un atterrissage parfait et sûr. Je voudrais vous suggérer de comparer votre intelligence renouvelée au radar d'un avion. Quand vous vous branchez sur l'Esprit de Dieu, alors votre intelligence renouvelée vous conduit exactement à la bonne place dans le corps et vous devenez un membre du corps de Dieu, du corps de Christ, l'église. Comparez avec ce que dit Paul dans 1 Corinthiens 12:12-18:

"Car, comme le corps est un et a plusieurs membres, et comme tous les membres du corps, malgré leur nombre ne forment qu'un seul corps, ainsi en est-il de Christ. ... Ainsi le corps n'est pas un seul membre, mais il est formé de plusieurs membres. Si le pied disait: Parce que je ne suis pas une main, je ne suis pas du corps, ne serait-il pas du corps pour cela? Si tout le corps était œil, où serait l'ouïe? S'il était tout ouïe où serait l'odorat? Maintenant, Dieu a placé chacun des membres dans le corps comme il a voulu."

Nous devons considérer trois éléments dans cette affirmation de Paul. Tout d'abord, le choix de l'endroit où nous sommes dans le corps et de ce que nous y faisons n'est pas le nôtre, mais celui de Dieu. Il a placé les membres. Ce n'est pas le résultat d'une décision personnelle, mais c'est Dieu qui le décide et nous le révèle.

Ensuite, quand nous le vivons, notre vie fusionne avec une entité plus large, le corps. Et pourtant nous gardons quand même notre individualité. Tout comme le petit doigt qui trouve sa place dans la main à côté de quatre autres doigts et est ainsi connecté à la vie, à l'énergie et au dessein d'un corps entier. Mais cette fusion n'est nullement semblable à une goutte d'eau qui tombe dans la mer et perd son identité. En tant que chrétien, nous ne perdons jamais notre individualité, mais nous devenons partie d'un groupe tout en gardant notre personnalité et en étant le membre particulier voulu Dieu. On constate là un contraste entre le message de la foi chrétienne et celui des religions et des philosophies orientales tellement à la mode de nos jours. Je les ai étudiées avant de devenir un chrétien engagé et ces religions traitent en général l'homme comme une petite goutte qui tombe dans la mer et perd son identité. Mais cela n'a rien d'attractif, et moi, je ne veux pas de cela. Je veux garder mon identité et faire partie d'un plus grand corps; c'est ce que Dieu a prévu pour nous en Christ.

Enfin, voici la troisième vérité développée par Paul dans ses propos sur le corps: en tant que corps, nous pouvons représenter Christ dans toute sa plénitude auprès du monde. Aucun de nous, individuellement, ne peut représenter Christ, mais si nous sommes unis à un corps, celui-ci peut le représenter pleinement auprès du monde.

J'aimerais aller plus loin dans cette idée de personnes qui trouvent leur place en tant que membres d'un corps. Je prendrai une image de l'Ancien Testament, au chapitre 37 d'Ezéchiel, une vision prophétique du peuple de Dieu de la fin des temps, une vision qui je crois trouve son accomplissement dans l'église d'aujourd'hui. Ezéchiel a une vision dans laquelle il voit le peuple de Dieu comme des os desséchés; mais quand Dieu commence à se mouvoir par son esprit, il se passe quelque chose au niveau des os, la vie entre en eux; ils commencent à bouger, et ils se rassemblent comme les membres d'un corps. Lisons ce passage, Ezéchiel 37, verset 1:

"La main de l'Eternel fut sur moi, et l'Eternel me transporta en esprit, et me déposa dans le milieu d'une vallée remplie d'ossements. Il me fit passer auprès d'eux tout autour; et voici, ils étaient fort nombreux, à la surface de la vallée, et ils étaient complètement secs. Il me dit: Fils de l'homme, ces os pourront-ils revivre? Je répondis: Seigneur, Eternel tu le sais.

Il me dit: Prophétise sur ces os, et dis-leur: Ossements desséchés, écoutez la parole de l'Eternel! Ainsi parle le Seigneur, l'Eternel, à ces os. Voici, je vais faire entrer en vous un esprit, et vous vivrez; je vous donnerai des nerfs, je ferai croître sur vous de la chair, je vous couvrirai de peau, je mettrai en vous un esprit, et vous vivrez. Et vous saurez que je suis l'Eternel. Je prophétisai, selon l'ordre que j'avais reçu. Et comme je prophétisais, il y eut un bruit, et voici, il se fit un mouvement, et les os s'approchèrent les uns des autres."

C'est là une image d'individus qui ont été dispersés et qui retrouvent par la force du Saint-Esprit une bonne relation les uns avec les autres. Je crois qu'à bien des égards, de nombreux groupes dans l'église ont été comme ces os desséchés, dispersés un peu partout, coupés, ne trouvant pas vraiment la vie du corps, et n'ayant pas une bonne relation les uns avec les autres. Mais je crois aussi que l'une des grandes œuvres voulue et réalisée aujourd'hui par l'Esprit de Dieu pour son peuple est de redonner la vie à ces os, de les rassembler et de les placer dans une structure qui formera un corps complet.

Pensez par exemple à votre bras. Son squelette de base est composé de trois os. Ce sont l'humerus, le radius et le cubitus. Imaginez-vous chacun de ces os séparément; un gros os solide. En un sens, ils peuvent bouger et s'entrechoquer, mais c'est tout ce dont ils sont capables; ils ne peuvent rien faire d'utile ni d'efficace. Pour que le bras puisse fonctionner, il faut que l'os le plus gros soit uni aux deux autres, puis de l'union de ces trois naîtra un bras capable de fonctionner efficacement.

C'est la même chose pour nous. Nous pouvons être abandonnés, nous pouvons nous froisser les uns les autres dans une réunion ou une conférence, mais nous ne serons jamais utiles et efficaces pour le royaume de Dieu tant que nous ne serons pas unis avec les autres os; nous pourrons ainsi devenir un bras qui fonctionne et celui-ci pourra s'intégrer à un corps qui fonctionne. Je crois que c'est ce que Dieu demande à son peuple aujourd'hui. Je suis persuadé que lorsque notre intelligence est renouvelée, le radar nous met exactement à la place et à la fonction que Dieu a prévue pour nous dans le corps.

Prenons encore une dernière image du corps dans Ephésiens 4:15 et 16:

"... mais que, professant la vérité dans la charité, nous croissions à tous égards en celui qui est le chef, Christ..."

Remarquez que le but de Dieu est que nous croissions, et non que nous restions des enfants spirituels; le processus de croissance nous conduit dans le corps entier. Le verset suivant apprend:

"C'est de lui, et grâce à tous les liens de son assistance, que tout le corps, bien coordonné et formant un solide assemblage, tire son accroissement selon la force qui convient à chacune de ses parties, et s'édifie lui-même dans la charité."

Le but de Dieu n'est donc pas d'avoir des os ou des membres isolés mais un corps complet et fonctionnel dans lequel les membres sont unis les uns aux autres, de telle sorte que chacun reçoit de son union avec les autres ce qui lui est nécessaire. Souvenez-vous que c'est uniquement avec un corps complet que tous les besoins sont satisfaits. Lorsque vous trouvez votre place dans ce corps vous vous rendez compte que Dieu vous a donné la mesure de foi dont vous avez besoin pour accomplir l'œuvre que Dieu a prévue pour vous. La foi et la fonction vont de pair: quand vous aurez trouvé votre rôle, vous posséderez la foi dont vous aurez besoin.

Soyez correctement équipé

Dans les pages précédentes, j'ai partagé avec vous comment trouver le plan de Dieu pour votre vie. J'ai décrit quatre étapes à franchir: laisser Dieu vous recréer, le laisser faire de vous une création entièrement nouvelle; présenter votre corps à Dieu comme un sacrifice vivant; laisser Dieu renouveler votre intelligence, le laisser vous donner une nouvelle façon de penser; trouver votre place en tant que membre du corps de Christ.

Maintenant je vais vous présenter le cinquième et dernier point du processus pour trouver le plan de Dieu pour vous. Il faut être correctement équipé pour accomplir la fonction que Dieu a prévue pour vous dans le corps. Le thème de ce chapitre est donc: comment vous équiper convenablement pour être à votre place dans le corps.

Je reviens encore une fois à Romains 12. Nous allons relire les trois versets que nous avons déjà vus et je continuerai en vous montrant la dernière étape dans la pensée de Paul. Commençons par Romains 12:3-5:

"Par la grâce qui m'a été donnée, je dis à chacun de vous de n'avoir pas de lui-même une trop haute opinion, mais de revêtir des sentiments modestes selon la mesure de foi que Dieu a départie à chacun. Car, comme nous avons plusieurs membres dans un seul corps, et que tous les membres n'ont pas la même fonction, ainsi, nous qui sommes plusieurs, nous formons un seul corps en Christ, et nous sommes tous membres les uns des autres."

J'ai souligné précédemment que l'intelligence renouvelée, comme le radar d'un avion, nous dirige vers la place qui nous est allouée en tant que membre d'un corps.

Dans les versets suivants, Paul parle d'équipement. Le mot qu'il utilise est "dons", Romains 12:6-8:

"Puisque nous avons des dons différents, selon la grâce qui nous a été accordée, que celui qui a le don de prophétie l'exerce selon l'analogie de la foi; que celui qui est appelé au ministère s'attache à son ministère; que celui qui enseigne s'attache à son enseignement, et celui qui exhorte à l'exhortation. Que celui qui donne le fasse avec libéralité; que celui qui préside le fasse avec zèle; que celui qui pratique la miséricorde le fasse avec joie."

Nous voyons donc que ces dons de Dieu constituent notre équipement, et qu'ils découlent logiquement de notre fonction. Nous devons en respecter l'ordre, d'abord la fonction, ensuite l'équipement. Certaines personnes sont excitées par les dons spirituels mais leur excitation est souvent inutile parce que, ne sachant pas quel membre elles sont, elles ne peuvent connaître les dons dont elles ont besoin pour fonctionner en tant que membre.

Laissez-moi vous donner un exemple simple: le pied et la main du corps humain. Quelle est la responsabilité du pied? Très simplement, de porter le poids et de maintenir l'équilibre. Quelle est la responsabilité de la main? De porter du poids et d'agripper. Nous voyons que chacun de ces membres est parfaitement adapté à sa fonction propre. Mais combien il serait ridicule d'essayer d'inverser les fonctions! Quelle folie ce serait que la main cherche à porter le poids et à maintenir l'équilibre du corps; nous savons combien cela est difficile - seuls les gymnastes le font - Et quelle folie ce serait que le pied essaie de porter du poids et d'agripper; il faut être un singe pour le faire. Et pourtant j'ai bien peur qu'un certain nombre de croyants soient comme cela. Dieu leur a demandé d'être un pied et ils essaient d'être une main; et ils n'y arrivent pas. Ils n'ont pas la foi nécessaire, parce que la mesure de foi que Dieu leur a donnée était destinée à la tâche qu'ils avaient à accomplir; ils n'ont pas non plus les dons nécessaires car ils étaient donnés eux aussi en rapport avec la fonction.

Remarquez comme les dons sont variés. Paul nous donne ici quelques exemples et je pense que ce sont juste des exemples et non pas une liste exhaustive. Il énumère sept équipements différents: la prophétie, le service, l'enseignement, l'encouragement, la contribution (remarquez que c'est un don), la direction, la miséricorde.

Beaucoup de gens sont très enthousiastes quand il s'agit de prophétiser. Cela semble si important et d'une certaine façon, ça l'est. Mais vous pouvez très bien vous préparer à la prophétie alors que Dieu vous destine à la miséricorde: visiter les malades et les prisonniers, faire des œuvres qui sont plutôt discrètes, qui ne se voient pas, et qui pourtant, représentent votre place à vous et votre fonction dans le corps. Vous voyez combien il est important de ne pas essayer de faire autre chose que ce que Dieu a prévu pour vous? De trouver sa véritable place? De remplir la bonne fonction? D'accepter le bon équipement de Dieu et d'agir dans la mesure de foi que Dieu vous a donnée? Parce que cette mesure de foi est directement liée à votre fonction.

Dans 1 Corinthiens 12:31, Paul dit: **"Aspirez aux dons les meilleurs."** Mais il est très significatif qu'il ne nous indique pas quels sont les meilleurs dons. J'ai souvent cherché dans la Bible mais je n'ai jamais trouvé de liste décrivant les meilleurs dons, ni les moins importants. J'en suis arrivé à cette conclusion: pour moi, les meilleurs dons sont ceux qui me permettent de fonctionner au mieux dans le corps, à la place où Dieu m'a mis. Ainsi, ce qui est un grand don pour moi peut ne pas l'être pour vous. Ne jamais séparez les dons qui sont notre équipement, de la fonction qui est ce que Dieu veut que vous soyez et que vous accomplissiez dans le corps de Christ.

J'ai montré la nécessité de l'équipement spirituel afin de

fonctionner dans le corps. J'aimerais aller un peu plus loin et vous montrer l'importance que le Nouveau Testament attache au bon équipement. Je voudrais revenir aux paroles par lesquelles Jésus a montré aux disciples comment démarrer leur ministère. Juste avant de les quitter, il leur a en effet prescrit: "Ne partez pas et ne commencez pas encore à exercer votre ministère parce que vous n'avez pas encore le bon équipement. Attendez à Jérusalem. Lorsque vous aurez reçu votre équipement, vous pourrez y aller." Alors, si cela était vrai pour les apôtres qui avaient passé trois ans et demi avec Jésus, qui avaient entendu tous ses enseignements, qui avaient vu tous ses miracles, ne pensez-vous pas que c'est également vrai pour vous et moi? Nous ne sommes pas faits pour partir et exercer un ministère tant que nous n'avons pas reçu l'équipement approprié. Ecoutez ce que Jésus dit dans Luc 24:46-49:

"Et il leur dit: Ainsi il est écrit que le Christ souffrirait, et qu'il ressusciterait des morts le troisième jour, et que la repentance et le pardon des péchés seraient prêchés en son nom à toutes les nations, à commencer par Jérusalem. Vous êtes témoins de ces choses. Et voici, j'enverrai sur vous ce que mon Père a promis; mais vous, restez dans la ville jusqu'à ce que vous soyez revêtus de la puissance d'en haut."

Voilà l'équipement: la puissance surnaturelle du Saint-Esprit. Il est dit la même chose dans Actes 1:8 juste avant que Jésus ne soit enlevé au ciel et que les disciples ne le voient plus de leurs yeux naturels sur le mont des Oliviers. Voici ses dernières paroles pour eux:

"Mais vous recevrez une puissance, le Saint-Esprit survenant sur vous, et vous serez mes témoins à Jérusalem, dans toute la Judée, dans la Samarie, et jusqu'aux extrémités de la terre."

Bien qu'ils aient des nouvelles à annoncer, ils ne devaient pas sortir, ils ne devaient pas partir pour le faire avant d'avoir reçu l'équipement nécessaire à leur ministère. Dans Hébreux 2:3-4, l'auteur de l'épître insiste à nouveau sur l'équipement que Dieu a prévu pour son peuple:

"... comment échapperons-nous en négligeant un si grand salut, qui, annoncé d'abord par le Seigneur, nous a été confirmé par ceux qui l'ont entendu, Dieu appuyant leur témoignage par des signes, des prodiges, et divers miracles, et par les dons du Saint-Esprit distribués selon sa volonté."

C'est la volonté de Dieu que le témoignage de Jésus et le message de l'Evangile soient accompagnés par les dons du Saint-Esprit. C'est la volonté de Dieu. Nous ne devons pas considérer les dons spirituels comme des gadgets mais comme des outils; et sans les outils, nous ne pouvons pas faire notre travail, remplir notre fonction.

Un autre point, et ce sera le dernier: pour nous équiper nous avons besoin de l'aide des ministères que Dieu a donné. Paul l'établit clairement dans Ephésiens 4:11-12:

"Et il a donné les uns comme apôtres, les autres comme prophètes, les autres comme évangélistes, les autres comme pasteurs et docteurs, pour le perfectionnement des saints en vue de l'œuvre du ministère ..."

La volonté de Dieu est donc que ses enfants soient équipés pour le travail qu'ils ont à faire, mais il placé dans le corps certains ministères principaux dont la responsabilité est d'équiper le peuple de Dieu. C'est une raison supplémentaire qui montre combien il est important de faire partie du corps parce que c'est dans le corps seulement que vous bénéficiez de ces ministères qui ont pour but de vous équiper pour le service. Nous avons donc besoin de l'équipement complet.

Pour clore mon message, je vais simplement récapituler les cinq étapes qu'il vous faut franchir pour trouver le plan de Dieu pour votre vie.

Premièrement, vous devez devenir une nouvelle création en Jésus-Christ.

Deuxièmement, vous devez présenter votre corps comme un sacrifice vivant sur l'autel de Dieu.

Troisièmement, vous devez être renouvelé dans votre intelligence, penser différemment (avoir des valeurs différentes, des critères, des buts et des objectifs nouveaux) La vieille intelligence non renouvelée est en guerre contre Dieu et ne pourra jamais trouver la volonté de Dieu.

Quatrièmement, votre intelligence renouvelée vous conduira à votre place dans le corps, comme un radar guide l'avion sur la piste.

Et cinquièmement, quand vous aurez trouvé votre place dans le corps, il faut que vous soyez correctement équipé de l'équipement surnaturel fourni par le Saint-Esprit. Cet équipement nous est aussi donné par les ministères que Dieu a établis dans son corps.

TABLE DE MATIERES

-1- Créés pour de bonnes œuvres   page 3

-2- Présentez vos corps   page 8

-3- Soyez renouvelés dans votre esprit   page 14

-4- Trouver sa place dans le corps   page 19

-5- Soyez correctement équipé   page 25

Cessez de vous trouver des excuses et faîtes en sorte que votre désir d'étudier la parole de Dieu devienne une réalité !

Cours biblique par correspondance: 'Les fondations chrétiennes' par Derek Prince

La plupart des chrétiens ont un désir sincère d'une meilleure connaissance de la Bible. Ils savent qu'une étude suivie et approfondie de la parole de Dieu est indispensable pour mûrir et vivre une vie chrétienne efficace. Malheureusement, la plupart manquent aussi de discipline, de direction et de motivation pour réussir une telle étude. Par conséquent, ils passent à coté des nombreux avantages obtenus par la connaissance et l'application de la Parole. Afin de fournir une direction et une discipline systématique dans l'étude de la Bible, Derek Prince a développé le cours par correspondance 'Les fondations chrétiennes'. Cette étude par correspondance vous permet de travailler à votre propre rythme, tout en offrant l'avantage d'un contact direct avec un coordinateur biblique qui peut vous fournir une direction ou de l'aide. Le cours est conçu autour de techniques d'enseignements établies et efficaces et est méthodique, avec des fondements bibliques et pratiques. Si vous souhaitez obtenir une brochure gratuit vous donnant plus d'informations sur le cours et comment vous inscrire (Europe et DOM/TOM seulement), merci de contacter:

Derek Prince Ministries France, B.P 31, 34210 Olonzac
Tel 04 68 91 38 72, fax 04 68 91 38 63

Email: catherine@derekprince.fr

www.ingramcontent.com/pod-product-compliance
Lightning Source LLC
Chambersburg PA
CBHW060552030426
42337CB00019B/3521